M.ᴿ SEVESTRE art.ᵉ du th.ᵉ du Vaud.ᵉ Rôle du ch.ᵉʳ de Theligny, dans le fond du Sac. P.

Ah! mon dieu c'que c'est que de dire tout de suite ce que l'on a à dire !

Air:
On vous à fait un opéra
Bien long bien large &cetera.

Carle del.

LE
FOND DU SAC,

OU

LA PRÉFACE DE LINA,

PARODIE VAUDEVILLE,

EN UN ACTE ET EN QUATRE ANNÉES

Par MM. DIEU-LA-FOI et GERSIN.

*Représentée, pour la première fois, sur le Théâtre
du Vaudeville, le cinq novembre 1807.*

~~~~~~~~~~~~~~~~~~~~~~~~~~~~~~~~~~~~~

Prix : 1 fr. 25 c. avec Portrait.

~~~~~~~~~~~~~~~~~~~~~~~~~~~~~~~~~~~~~

A PARIS,

Chez Madame MASSON, Libraire et Éditeur de
Musique, et de Pièces de Théâtre, rue de
Grenelle Saint-Honoré, N°. 10.

1807.

PERSONNAGES.	ACTEURS.

PERSONNAGES.	ACTEURS.
LINA.	Mlle. DESMARRE.
SON PERE.	M. LE NOBLE.
SA MERE.	Mad. LE NOBLE.
LE COMTE DE LESCAR.	M. AUGUSTE.
LA DUCHESSE D'AGUILAS.	Mad. BODIN.
TELIGNY, ami de Lescar.	M. SEVESTE.
UN ENFANT.	Mlle. VIRGINIE.
TOMI, vieille nourrice.	Mlle. BLOSSEVILLE.
CABRIO, niais.	M. EDOUARD.
Un Notaire.	
Soldats.	
Jeunes filles.	

Les acteurs sont costumés comme ceux de Lina.

L'Ouverture et les Airs, ont été arrangés par M. WICH, Chef - d'Orchestre, au Théâtre du Vaudeville.

COUPLET D'ANNONCE.

Ne jugez pas cette folie,
Messieurs, avec trop de rigueur.
Entendons-nous bien, je vous prie,
Rions ensemble, et de bon cœur ;
A l'unisson que tout se passe :
Nous serions par trop étourdis
Si, quand nous chantons la *Préface,*
Vous nous chantiez, *De Profundis.*

Il n'y a d'Exemplaires approuvés par les Auteurs, que ceux signés par l'Éditeur.

SCÈNE PREMIÈRE.

(*Le théâtre représente un souterrain du donjon de Tolosa. Des jeunes filles sont aux pieds de plusieurs soldats, qui les menacent de leurs épées. Lina est cachée derrière un rideau, et ne montre que la tête. L'avant-scène n'a de profondeur qu'une coulisse.*

LINA, JEUNES FILLES, SOLDATS.

LES FILLES.

Air : *Courez vîte et prenez le patron.*

Ah ! messieurs, prenez pitié de nous ,
    Retenez,
    Ou détournez
    Vos coups :
Et daignez accepter, pour rançon ,
Un petit couplet de chanson.

LES SOLDATS.
Non.

LES FILLES.
Messieurs les dragons ,
Laissez-moi donc.

LES SOLDATS.
Non , tu danseras ,
Tu m'aimeras ,
Et tu boiras.

LES FILLES.
Messieurs les vainqueurs ,
Prenez nos fleurs.

LES SOLDATS.
Des fleurs aux soldats ,
Dans les combats ,
Ne plaisent pas.

LES FILLES.
Ah ! grand dieu ! prenez un ton plus doux.
Si nos pleurs versés à vos genoux ,
Ne peuvent fléchir votre courroux ,
Que desirez-vous donc de nous ?

LES SOLDATS.
Vous.

LE FOND

Air : *du port Mahon.*

Eh ! quoi, troupe insolente,
Nos fleurs,
Nos pleurs,
Rien ne vous contente !
Pour tromper votre attente,
Sachez que nous mourrons.

(*Elles fuyent.*)

LES SOLDATS.

Nous verrons, nous verrons.

(*Ils les poursuivent.*)

SCENE II

LINA, *sortant de derrière le rideau.*

Suite de l'air.

Grand dieu ! qu'ai-je entendu ?
Ici tout est perdu ;
Et comment se défendre ?
Le fort,
Le port,
Se sont laissés prendre.
Quel sort doivent attendre
Des cœurs ainsi surpris ?

LES SOLDATS, *en dehors.*

Tout est pris, tout est pris, etc.

SCENE III.

LINA, TOMI

TOMI, *accourant comme si elle était poursuivie.*

Ah ! mademoiselle Lina, sauvez-moi, arrachez-
moi des bras de ces ravisseurs... ils me poursuivent,
ils me harcèlent.

LINA, *regardant de tous côtés.*

Où donc, Tomi ?

TOMI.

Comment, vous ne les voyez pas ?

Contre-danse de la Rosière.

Petit téméraire,
Qu'oses-tu donc faire ?
Puis-je sans colère,
Supporter cela ?

Voyez quelle audace
Le sergent m'enlace,
Le tambour m'embrasse ;
A bas ces mains là.

Cher capitaine,
L'ardeur soudaine
Qui vous entraîne
Ne me convient pas.

Et vous, trompette ,
Et vous , cornette,
Suis-je donc faite
Pour de tels ébats ?

LINA.

Que vous êtes bonne !
Je ne vois personne.

TOMI.

Vraiment ? — çà m'étonne ,
Où donc ont-ils fui ?

LINA.

La troupe ennemie ,
Par là s'est enfuie.

(*Montrant la porte à droite.*)

TOMI.

En ce cas, ma mie ,
Je fuis par ici.

(*Elle feint de vouloir sortir à gauche ; mais elle
fuit par la porte à droite.*)

______

SCENE IV.
LINA , *seule.*

Oh ! oh ! ceci commence à n'être plus gai : le
sac de Tolosa devient dangereux, et je crois qu'il
est temps d'écrire à mon père ; je ne sais trop, ni
quand , ni comment lui parviendra ma lettre ;
n'importe, dans les circonstances difficiles, une
fille bien née doit toujours écrire à ses parens.

LE FOND

Air : *O filii.*

Ma lettre, un jour arrivera,
Quel bruit à Paris ça fera,
L'orsqu'on saura
Ce qu'on osa
Dans Tolosa !

Peut-être en drame on le mettra,
L'homme de goût y dormira,
N'osant trop voir ce qu'on osa,
Dans Tolosa !

Mais un théâtre y gagnera :
Et le caissier s'applaudira,
Qu'on ait osé ce qu'on osa,
Dans Tolosa.

Dépêchons nous d'écrire.

(*Elle se met devant une table.*)

» Le 26 décembre : mon père on prend Tolosa,
et je suis dans le sac. »

Air : *je suis Lindor.*

» De tous côtés on se tue, on s'assomme :
» Si dans ces lieux un brigand sans pudeur
» Vient m'arracher ou la vie ou l'honneur,
« Priez qu'au moins ce soit un honnête homme.

SCÈNE V.

LINA, LE COMTE DE LESCARS, Soldats.

SOLDATS, *en entrant.*

La voilà ! la voilà ! la voilà !

LE COMTE, *à leur tête.*

(*Il est un peu ivre.*)

Arrêtez, malheureux.

LINA, *se levant.*

Le ciel m'exauce. J'entends une voix qui a l'air
honnête... seigneur j'implore votre appui...

LE COMTE.

Vous pouvez y compter, madame.

Air : *Un Chanoine de l'Auxerrois.*

Le punch et le vin que j'ai pris
Ont un peu troublé mes esprits :
Mais je suis bon apôtre ;
Vous êtes belle, je le voi,

Mais on peut fier à ma foi
Un cœur tel que le vôtre.
Je suis discret , quoique gascon ,
Je ne bois pas à tout flacon...

LES SOLDATS.

Eh, bon , bon , bon ,
Quand le vin est bon ,
Il en boit comme un autre.

LE COMTE.

Canaille ! ne suis-je pas votre capitaine. (*à Lina.*)
Suivez-moi , princesse.... je vais vous.... sauver.

LINA.

Air : *L'amour a gagné sa cause.*

Seigneur , j'accepterai bientôt
Ce noble et généreux office ;
Mais , à ma lettre , il manque un mot ,
Souffrez qu'ici je la finisse.

LE COMTE.

Vous servir , comble tous mes vœux ;
Mais si vous daigniez le permettre ,
En vérité , j'aimerais mieux
Que ce fût avant la lettre.

LINA , *s'approchant de la table.*

C'est l'affaire d'un moment.

LES SOLDATS.

Mais , capitaine....

LE COMTE.

Encore !

Air : *Souvenez-vous en.*

Traîtres ! si vous avancez ,
Vous êtes tous renversés ;
Je veux être bienfaisant.

LINA , *courant au comte.*

Souvenez-vous en ,
Souvenez-vous en.

TOUS.

Ici nous prétendons tous
Aussi bien faire que vous.

(*Le comte entraîne Lina , et les soldats la
poursuivent.*)

SCENE VI.

UN FACTEUR *de la poste.*

LE FACTEUR.

Dépêchez-vous , messieurs , mesdames , faites vos paquets, gens de guerres, gens de justice, gens de lettres , écrivez à vos familles ; voilà le facteur qui passe.

Air : *En guerre ces aventures.* (des Pages.)

Vous qui ne flattez personne,
Et qui cherchez des succès ;
Vous qui voulez qu'on vous prône ,
Et qui n'intriguez jamais ;
Vous qui , sans or, sans fleurette,
Prétendez régner long-temps,
Sur le cœur d'une coquette... Atchit...
Ecrivez à vos parens.

Marchands de littérature ,
Petits auteurs étayés ;
Vous, dont l'orgueil se mesure
Sur des *bravo* mendiés ;
Qui, lorsqu'un journal vous cite ,
Pour quelques écus comptans ,
Vous croyez un grand mérite... Atchit.
Ecrivez à vos parens.

Et vous, acteurs pour la forme,
Sans goût , sans art, sans esprit,
Dont le prestige uniforme ,
Consiste à changer d'habit,
Qui croyez que les grimaces,
Les grands airs , les faux talens,
Peuvent remplacer les graces... Atchit.
Ecrivez à vos parens.

(Il voit la lettre que Lina a laissée sur la table.)

Ah ! ah ! voilà précisément une lettre de famille *(Il lit.) A mon père, en Bearn.* Diable ! un père qu'on ne nomme pas ! il ressemble à bien d'autres,... n'importe , cela me regarde : dans le sac.

(Il jette la lettre dans un sac, pendu à son col,
et répète en sortant la fin du couplet.)

SCENE VII.

(Le Théâtre change, et représente une chambre du château du père de Lina ; il a deux coulisses de profondeur.)

LINA, SON PÈRE, SA MERE.

(Lina est entre eux deux.)

LE PERE.

Quoi, ma chère Lina, ce loyal chevalier t'avait promis de te défendre?

LINA.

Oui, mon père.

LA MERE.

Et c'est ainsi qu'il t'a défendue?

LINA.

Oui, ma mère.

LA MERE.

Oh! les hommes!

LE PERE.

Oh! les femmes!

LINA.

Air : *du Confitéor.*

Mon père, j'ai fait devant vous,
Ma confession toute entière ;
Mon cœur sent combien il est doux,
De tout avouer à son père :
Mais malgré cet aveu sincère,
Un poids affreux, (*bis.*) reste encor là.

(Elle met sa main sur son cœur.)

LA MERE, *lui prenant la main.*

Je m'attendais bien à cela.

LE PERE, *be même.*

Je m'attendais bien à cela.

LINA.

. A propos de ça, mon père, vous n'avez-donc pas reçu la lettre que je vous ai écrite il y a un mois?

LE PERE,

Tu m'as écrit? 2

LINA.

Oui, mon père, de Tolosa, pour vous appeller à mon secours.

LE PERE.

Bah! il était bien temps.

LINA.

C'est vrai; — mais ce qui est écrit est écrit; l'endroit y est, le jour y est, tout y est, jusqu'à l'heure.

LE PERE et LA MERE.

A la bonne heure...

LA MERE.

Mais, vertueuse enfant, sais-tu au moins le nom du téméraire?

LINA.

Tiens, j'ai oublié de le lui demander; mais cela ne m'étonne pas.

> Air : *Qu'il vienne, qu'il vienne.*
>
> Hélas! dans ce moment fatal,
> S'occupe-t-on d'un baptistaire?
> Pierre, ou Jacque, tout est égal;
> Mais avec le temps on s'éclaire.
> Qu'il vienne, encor, dans le donjon,
> J'aurai le nom et le prénom.

LE PERE.

Oui, ce sera fort utile. Mais, fille trop sensible, pourrais-tu du-moins le reconnaître? as-tu fait attention à ses traits?

LINA.

Tiens, j'ai oublié d'y regarder.... mais cela ne m'étonne pas.

> *Même air.*
>
> Auprès d'un vainqueur éfronté
> S'occupe-t-on de la figure?
> Le cœur est par trop agité,
> Mais avec l'âge on se rassure :
> Qu'il vienne, encor, dans le donjon,
> Je saurai s'il est laid ou non.

LA MERE.

Cela sera très-profitable.

LE PERE.

Bah! bah! bah! il faut prendre un parti; et voici,
mes enfants, ce que je conclus de cette aventure.

Air : *De la monaco.*

Il faut se taire,
N'en plus parler,
Et bien voiler
Ce grand mystère.
Mauvaise affaire,
Communément,
Ne s'explique qu'au dénouement.

(*à Lina.*)

Et puis, tiens, demande à ta mère,
Les femmes ont tant de talens.

LA MERE, *à Lina.*

Et puis tiens, demande à ton père,
Les maris sont si bonnes gens.

LINA.

Quoi je consentirais.....

LE PERE et LA MERE.

Il faut se taire;
N'en plus parler, etc.

(*Bruit de cor.*)

SCENE VIII.

Les Mêmes, UN DOMESTIQUE, LE COMTE,
UN NOTAIRE, suite du comte.

LE PERE.

Eh! mon dieu, qui est-ce qui peut nous venir
à l'heure qu'il est?

LE DOMESTIQUE.

Monseigneur le comte de Lescar.

LE PERE.

Le favori du roi, chez un ancien partisan de
la ligue!... mauvaise visite, qu'il entre.

(*Au comte.*)

Ah! monseigneur, quelles nouvelles daignez-
vous m'apporter?

LESCAR.

Les plus favorables pour vous.

Air : *O ma tendre Musette.*

Dans votre erreur extrême
Vous avez des ligueurs,
Contre un grand roi qu'on aime,
Protégé les fureurs ;
Mais il vous considère,
Son cœur vous est rendu,
Vous serez mon beau père...
Ou vous serez pendu.

LE PERE.

Ah! monseigneur que de bontés!

LESCAR.

Voici l'ordre du roi.

LE PERE.

Monseigneur, voilà ma fille.

LINA.

Mais, mon père...

LE PERE.

Tais-toi donc.

LESCAR.

Le roi a voulu me récompenser des services que
j'ai eu le bonheur de lui rendre, et il ne pouvait
m'offrir un prix plus flatteur.

LINA, *toute troublée.*

De grace, mon père.

LESCAR.

Air *du vaudeville de M. Guillaume.*

Que j'aime à voir cette vertu modeste,
Qui s'effarouche au signal des plaisirs :
Et cet embarras qui m'atteste
L'innocence de ses désirs.
Oui, la rougeur, dont ce beau front se couvre,
Ce trouble heureux que j'apperçois,
Tout, à mes yeux, peint la fleur qui s'entr'ouvre
Pour la première fois.

LE PERE, *à Lina.*

Tu vois que c'est un brave homme.

LA MERE.

Monseigneur, vous faites beaucoup d'honneur
à ma fille.

LINA.

Non , c'en est trop, il faut qu'il apprenne...

LE PERE , *la poussant dans un coin.*

Misérable! tu veux donc me perdre?

Air : *ne faites pas , ne faites pas.*

Songes-tu dans quel embarras
Me jette un semblable scrupule?

LINA.

Et faut-il, en ne parlant pas ,
Livrer cet homme au ridicule?

LE PERE.

Tais-toi donc, ton projet est fou ,

LINA.

Le vôtre est-il donc plus honnête?

LE PERE.

Ma fille, il y va de mon cou.

LINA.

Mon père, il y va de sa tête.

LE PERE.

Monseigneur , dès demain, ma fille et moi, nous
serons aux ordres de votre excellence.

LESCAR.

Demain ! non pas , à l'instant même.

Air : *la garde passe.*

L'ordre du roi veut qu'à minuit,
Grace au notaire qui me suit,
Le contrat, et ce qui s'en suit ,
Tout soit baclé sans résistance.
Obéissons , faisons silence ,
Car c'est l'ordre du roi.

LE PERE et LA MERE.

Je le voi,

(*Ils signent.*)

LINA , *à part*

Ah! juste ciel !

LE PERE.

A vous, ma fille, et point de bruit,

LINA , *à son père.*

Mais en erreur , lorsqu'on l'induit.

TOUS.

Point de bruit, point de bruit, point de bruit.

LINA.

Ah ! quels maux je prévoi
Pour cet époux...

LE PERE, *à Lina.*

S'il l'est, ma chère,
Il pourra dire à plus d'un frère,
Je suis, de par le roi,
Comme toi.

LESCAR.

Mon triomphe est assuré ; venez, chère épouse,
allons célébrer un hymen d'où va dépendre le
bonheur de ma vie.

(*Nouveau bruit de cor.*)

SCENE IX.

Les mêmes, LA DUCHESSE d'Aguilas.

LESCAR.

Qu'entends-je ?

LA DUCHESSE.

C'est moi, la duchesse d'Aguilas.

LESCAR.

Diable !

LA DUCHESSE.

Air : *tu n'auras pas petit...*

Tu n'auras pas, petit mal-adroit,
Ce que tu penses dans ton âme,
Tu n'auras pas, petit mal-adroit,
L'honneur de dormir sous ce toit.

LESCAR.

Vous vous trompez, car voici mon épouse.

LA DUCHESSE.

Déjà ?

LE PERE, *avec le chœur.*

Oui, déjà :

Air : *Joseph est bien marié.*

Le comte est bien marié, (*bis.*)
Il trouve dans sa moitié, (*bis.*)
Jeunesse, fraîcheur, décence,

Pudeur, franchise, innocence,
Terres, bijoux et contrats......

LE PERE.

Oui, messieurs, *et cœtera.*

LA DUCHESSE.

Air : *En quatre mots.*

Il est donc vrai, cruel et faux Lescar
  Qu'en ces lieux, mettant à l'écart.
    Ces sermens qu'avec art,
    Tu prodiguais à ma flâme,
    Tu choisis une autre femme!
      Tu t'en plaindras ; car,
    Hué, berné, par le tiers et le quart,
      Epigramme et brocard,
      Vaudeville et placard,
    Du Béarn à Madagascar,
      Afficheront Lescar.

LESCAR.

Bah ! bah ! je saurai me faire applaudir.

LA DUCHESSE.

(*Chante sur le ton le plus haut.*)
« Traître, ingrat, lâche et perfide.... »
    TOUS, *se bouchant les oreilles.*
Miséricorde !

LE COMTE.

Air : *En guerre ces aventures.* (des **Pages.**)
  Ah ! grand dieu, quel noble stile !
  Et qu'il doit m'épouvanter,
  Si c'est là le vaudeville
  Que vous prétendez chanter :
  Croyez-moi, changez de game ;
  Faut-il, à tort, à travers,
  Parce qu'on est grande dame,
  Se donner de si grands airs ?

CA DUCHESSE.

Eh ! ne faut-il pas que je t'étourdisse, ingrat ?

LESCAR.

Oui ! Venez ma chère Lina....

LA DUCHESSE.

Arrête ; voilà un ordre du roi qui te rappelle
sous ses drapeaux, à l'instant même.

LESCAR.

Quel malheur!

LINA.

Quel bonheur!

LA DUCHESSE.

Quel triomphe !

LE PERE et LA MERE.

Quelle bêtise!

UN DES SOLDATS.

Et le souper ?

LA DUCHESSE.

On ne touche à rien.

TOUS EN CHOEUR.

Air : *des folies d'Espagne.*

Partir à jeun, ah! que c'est lamentable;
Cet ordre là ne me plaît pas beaucoup;
Il est bien dûr, aussi près de la table,
De ne pouvoir seulement boire un coup.

LESCAR.

Nous boirons, mes amis, j'emmène mon épouse
au camp.

LINA.

Au camp! ciel! m'y revoilà.

LESCAR, *à la duchesse:*

Et je déroute par-là les projets de mes enne-
mis.

(*Bruit de cor.*)

LINA.

Encor le cor!

SCENE X.

Les mêmes, TÉLIGNY, UN DOMESTIQUE.

LE DOMESTIQUE.

M. le chevalier de Téligny?

LESCAR, *allant au devant de lui.*

Mon ami!

TELIGNY·

Oui, mon ami. Un ordre du roi m'enjoint de venir en ce lieu.

LE PERE.

Ah! mon dieu, le roi s'est bien occupé de moi cette nuit.

LESCAR.

Et pourquoi faire ?

TELIGNY.

Je viens prendre ta femme pour la conduire dans tes terres, où je suis chargé de lui tenir seul compagnie pendant trois ans.

LINA.

Ah ! je respire !

LESCAR.

Trois ans auprès de ma femme, toi!

TÉLIGNY.

Pourquoi non ? tu ne sais donc pas ce qui m'est arrivé ?

LESCAR.

Non, conte-moi ça.

TÉLIGNY.

Air : d'*Arlequin afficheur.*
L'amour pour moi n'a plus de traits ,
Ses atteintes seraient peu sûres;
Je me suis fait blesser exprès
Afin de braver ses blessures.
A ton cœur, mon cœur est lié ;
L'honneur seul en tous lieux me guide,
Compte enfin sur mon amitié ,
　　Car je suis invalide.

LESCAR.

Invalide! je te confie ma femme, ce trait vaut bien le tien.

TELIGNY.

Il ne m'étonne pas ; depuis long-temps nos cœurs marchent de concert.

Air : *Vaudeville de Figaro.*
Entre nous la simpathie,
LESCAR.
Forma cet accord si beau.
TELIGNY.
Notre étonnante harmonie
LESCAR.
Nous suivra jusqu'au tombeau ,
TÉLIGNY.
Au Béarn, notre patrie,

LESCAR.

Ainsi qu'à Monténéro ,

TOUS DEUX.

Offrons le même duo.

LESCAR.

Air : *adieu donc dame.*

Adieu donc, belle comtesse ,
Pour qui j'allais soupirer ;
N'allez pas crier, pleurer,
Loin de vous cette faiblesse ;
Ma gloire vous le défend,
Ne faites pas l'enfant.

LINA.

Adieu donc, époux que j'aime ;
Puisse le ciel radouci,
Chassant nuage et souci ,
Dans sa clémence suprême ,
Ne vous rendre à vos foyers
Qu'ombragé de lauriers.

LA DUCHESSE.

Adieu donc, amant perfide ;
Ne pense pas m'échapper ;
Je cours vite m'occuper
De mon projet homicide ,
Et dans trois ans tu verras
Ce que tu ne vois pas.

LE CHOEUR.

Adieu donc, beauté chérie.
Cet hymen est un peu prompt :
A ceux qui le blameront.
   Et le croiront
   Sans génie ,
On répondra, s'il est sec,
C'est qu'il nous vient du grec.

(Ils sortent tous : les uns d'un côté et les autres
de l'autre.)

SCENE XI.

LE PÈRE, LA MÈRE.

LE PERE, *dansant.*

Adieu donc, ma chère fille...

LA MERE.

Eh bien, eh bien, à qui en as-tu? il n'y a plus personne.

LE PERE.

Tiens, c'est vrai.

LA MERE.

Mon ami, qu'allons-nous faire?

LE PERE.

Ma foi, il me vient une idée....

LA MERE.

Laquelle?

LE PERE.

Tu es bien heureuse n'est-ce pas?

LA MERE.

Assez.

LE PERE.

Tu te portes à merveille et moi aussi?

LA MERE.

Grace au ciel.

LE PERE.

Notre fille est bien établie...

LA MERE.

Et c'est bien heureux.

LE PERE.

Enfin la vie ne t'a jamais paru si agréable?

LA MERE.

C'est vrai.

LE PERE.

Eh bien, ma petite, il faut nous défaire de ça.

LA MERE.

Bah!

LE PERE.

Sans doute : nous venons de tromper un galant homme. Nous lui avons caché un fait bien important. Tôt ou tard, il faudra parler, dévoiler, expliquer, géner bien du monde, pour éviter cet embarras, mourrons.

LA MERE.

Tu as raison; mais de quelle manière?

LE PERE.

C'est à quoi il faut penser.

LA MERE.

Eh bien, mon ami, pensons.

LE PÈRE.

Air : *Au clair de la lune.*

Pour mourir, ma femme,
Cherchons un moyen.

LA MÈRE.

Allons voir un drame,
Qui ne vaille rien.

LE PÈRE.

Mauvaise trouvaille,
Nous perdrons nos pas.
Aux drames on baille,
Mais on n'en meurt pas.

LA MÈRE.

Des succès des autres,
Enrageons tout bas :
Pour nous et les nôtres,
Faisons grands fracas.

LE PÈRE.

Ressource vulgaire :
En pareil tracas,
On maigrit, ma chère,
Mais on n'en meurt pas.

LA MÈRE.

Tiens, j'y suis je pense,
Vendons notre honneur,
Notre conscience,
Soyons sans pudeur.

LE PÈRE.

Mauvaise entreprise :
Vois le gros Lucas,
Chacun le méprise,
Mais il n'en meurt pas.

Eh ! mon dieu que nous sommes bêtes !

Air : *mon père était pot.*

Faut-il pour descendre au tombeau
Se donner tant de peine !
N'as-tu pas au doigt ton bobo ?
N'ai-je pas ma migraine ?
Le docteur du lieu,
Est là grace à dieu,
Pour nous tirer d'affaire :
Allons à l'instant
Trouver ce savant,
Et puis laissons le faire.

LE PERE et LA MERE.

(*Ils sortent en chantant.*)
Allons, gai, faut nous réjouir,
Vite, allons mourir.

SCENE XII.

(*Changement de décoration. Forêt dans le châ-
tellenie de Lescar, à la troisième coulisse.*)

LA VIEILLE, LINA, un enfant.

(*Elles sont assises l'une à côté de l'autre et ont
sur leurs genoux, l'enfant endormi.*)

TOMI.

Air : *Dodo.*

Dodo,
L'enfant do,
L'enfant dormira bientôt.
Il dort pour sa mère...

LINA.

Qui ne dort plus guère..

ENSEMBLE.

Dodo, etc.

(*Elles se lèvent et posent l'enfant sur un blanc
plus près de la rampe.*)

LINA.

Ah! Tomi! Tomi, qu'avons nous fait?

TOMI.

Ma foi, madame, je n'y suis pour rien; mais pour
l'amour que je vous porte j'aurais préféré être la
victime.

LINA.

Que tu es bonne! Cet enfant grandit tous les
jours et je ne sais comment nous pourrons le ca-
cher à tous les yeux, comme nous avons fait jusqu'à présent.

TOMI.

Je n'en sais rien non plus. Votre tendresse pour
lui nous compromet à tous momens. Cette éduca-
tion de pensionnat que vous lui donnez tous les
matins, ces fleurs, ces baisers que vous lui appre-
nez à vous envoyer, cela convient-il à un enfant
élevé dans une ferme?

LINA.

Mais, Tomi, une mère....

TOMI.

Et puis ces riches habits dont vous le couvrez...

LINA.

Oh! pour les habits je sais ce que je fais.

Air : *Si Pauline est dans l'indigence.*

Du sein de ton humble demeure
Quelque jour mon fils sortira.
C'est en se parant de bonne heure
Qu'à la foule il imposera.
Sous les habits de l'opulence
Bien des gens blessent le regard.
S'ils les portent mal, c'est, je pense,
Parce qu'ils les ont pris trop tard.

(On entend un bruit de chasse.)

Ciel qui vient ici?

TOMI.

Oh! ce n'est rien : c'est monsieur le chevalier de
Téligny qui chasse de ce côté : vous savez que ses
blessures lui ont presque enlevé la vue et l'esprit.

LINA.

N'importe, ne nous laissons pas surprendre :
Petit, petit?

*(Elle réveille son enfant; et l'enfant aussitôt se
tourne vers elle, et lui envoie des baisers.)*

TOMI , *à l'enfant.*

Eh! il ne s'agit pas de cela.

LINA.

Où le mettrons-nous?

TOMI.

Sur ce piédestal.

LINA.

Tu sais bien, mon ami, ce que je t'ai appris, ne
dis pas un mot.

*(L'enfant placé sur le piédestal envoye encor des
baisers à sa mère.)*

TOMY,

C'est bon, c'est bon.

SCÈNE XIII.
Les mêmes, TÉLIGNY.

TÉLIGNY.

Ah! que le temps, que le temps est beau !
Pour la chasse à l'oiseau.

(*Il heurte la vieille.*)

Mais , n'y a-t-il pas quelqu'un ici ?

TOMY.

Assurément, madame la comtesse et moi.

TÉLIGNY.

Précieuse rencontre !

LINA.

Avez-vous fait, chevalier, une bonne chasse ?

TÉLIGNY.

Comme à l'ordinaire, madame : depuis trois ans
j'ai le bonheur de chasser sur vos terres, et je n'ai
encore rien vu.

TOMI.

Heureusement pour nous.

TÉLIGNY , *regardant du côté de l'enfant.*

Eh! mon dieu, est-ce que pour la première fois
j'appercevrais quelque chose ?

LINA , *effrayée.*

Où donc ?

TÉLIGNY.
Air : *De la croisée.*
Ne vois-je pas, dans ce détour,
Certain ornement de campagne ?
TOMI.
Monsieur, c'est un petit amour,
Qui nous est arrivé d'Espagne.
TÉLIGNY , *à Lina.*
Cet amour est très-bien vraiment,
Et quoique je ne flatte guère,
Il ne serait pas plus charmant
Quand vous seriez sa mère.

Et je vais de plus près... (*Il s'approche.*)

LINA , *le retenant.*

Monsieur le chevalier, vous me parliez de votre
chasse....   TÉLIGNY, *se retournant.*

Oh! c'est vrai, je vais vous conter mes aventures de la matinée.

(*Il met son chapeau sur la tête de l'enfant et
appuie son fusil sur son bras.*)

L'ENFANT , *effrayé.*

Ah !

TELIGNY.

Qu'est-ce donc ?

TOMI.

Des oiseaux qui passent et qui chantent.

TELIGNY , *regardant en l'air.*

Des oiseaux !

TOMI.

Ce sont je crois des ortolans.

TELIGNY , *avec joie.*

Des ortolans !

LINA , *lui donnant son fusil.*
Air : *du petit matelot.*
Allez, courez, prenez votre arme,

TELIGNY.
Ah ! quel bonheur si je les voi !
Vous entendrez un beau vacarme :
Ces oiseaux sont dignes de moi.
Et , dieu merci , la calomnie
Ne dira plus , qu'en ces hameaux ,
J'ai passé trois ans de ma vie ,
A tirer ma poudre aux moineaux.

(*Il sort en tenant son fusil en joue.*)

SCENE XIV.

TOMI , LINA , L'ENFANT.

LINA.
Ah ! voila bien un ami comme il nous le fallait.
(*Elle court vers son fils et le presse contre son*
cœur.)
Air : *Pauvre petit , qu'il est gentil.*
Pauvre petit ! quelle frayeur ,
Ah ! reviens vîte sur mon cœur.
Pour une tendre mère ,
Détestable mystère ,
Ah ! quelle peine ! ah ! quels tourmens ,
Vit-on jamais d'honnêtes gens ,
Forcer , hélas ! pendant trois ans ,
Une femme à se taire ?

CABRIO , *en dehors.*
ais laissez-moi donc vous autres.

LINA.
Encore des importuns !

TOMI.

C'est mon imbécille de neveu avec les filles de la
chatelenie qui le poursuivent.

LINA, *cache son enfant sous son tablier.*

Cache-toi là.

SCENE XV.

Les Mêmes, CABRIO, Jeunes filles.

CHŒUR.

Aïr : *Et gai, gai, mon officier.*

Eh gai, gai, gai beau Cabrio,
Ici nous sommes prêtes ;
Un petit air de chalumeau,
Et surtout du nouveau.

CABRIO.

Oui da, vous êtes prêtes ,
Et le neuf vous plait mieux ;
Sachez qu'même à mes bêtes,
Je n'donne que du vieux.

CHOEUR.

Eh , gai, gai, gai, etc.

UNE FILLE.

Eh bien la chanson du nigaud.

CODRIO.

Oh ! pour le nigaud, j'en suis, et me voilà.

Aïr : *O Lauragais.*

Oh ! c'est qu'la haut
Y a d'l'esprit pour tout le monde ,
Et jamais n'faut
Trop mépriser un nigaud.

Y a pus d'cent ans au moins ,
Qu' sans témoins,
Une dame qu'était blonde
Cacha dans la forêt ,
Tout fin dret ,
Un bel enfant tout fait.

Oh ! c'est qu'la haut, etc.

C'nigaud , qu'était le bailli,
Ebahi ,
Trouve, en faisant sa ronde,
L'enfant tout endormi,
Tout transi ,
Et dit : dieu soit béni.

Oh ! c'est qu'la haut, etc.

L'enfant est rapporté,
Adopté ,   4

Et la dame qu'était blonde,
Par la vertu d'un sot,
Put bientôt,
S'dir' la mère du marmot.
Oh! c'est qu'la haut, etc.

LINA, *retirée dans un coin a paru écouter la chanson avec la plus grande attention.*

Tu l'entends, Tomi? profitons de cette aventure.

TOMI, *bas*

C'est dit : envoyez Cabrio au pied du grand chêne.

(*Elle prend l'enfant et s'en va sans être vue.*)

SCÈNE XVI.

Les mêmes, excepté **TOMI** et l'enfant.

CABRIO.

Eh! mon dieu que vous êtes sottes, vous autres, vous ne m'avertissez tant seulement pas que v'la madame la comtesse. Pardon, excuse, madame, de toutes mes bêtises.... Dam' c'est que ce n'est pas, toujours comme ça... j'avons aussi, tout comme un autre, nos phrases des dimanches... *L'âme ravie... le cœur désintéressé... je savons ce que c'est que d'faire des heureux.*

LINA.

Oui! eh bien, mon ami, va faire danser ces jeunes filles au pied du grand chêne. La lune éclaire encore assez pour cela.

LES FILLES.

C'est'vrai, c'est vrai, une ronde. Grand merci, madame la comtesse.

(*Elles s'en vont en répétant.*)
Oh! c'est qu'la haut
Y a d'l'esprit pour tout le monde, etc.

SCÈNE XVII.

LINA.

O lune, favorise notre innocente espièglerie! On a bien raison de dire qu'on est toujours bien inspiré par toi, aussi tout le monde te chérit.

Air : *de la baronne.*

Le clair de lune,
Plait au berger chantant le soir:
Ces petits riens sont sa fortune,
Dans la chaumière on aime à voir
Le clair de lune.

Le clair de lune,
Met en renom le troubadour :
Craint-on une obscure fortune,
Lorsqu'on sait joindre au point du jour,
Le clair de lune ?

Mais que vois-je? la duchesse d'Aguilas et Téligny !

SCENE XVIII.

LINA, LA DUCHESSE, TÉLIGNY.

TÉLIGNY, *donnant la main à la duchesse.*

Oui, madame, je n'ai pas eu le bonheur d'appercevoir les ortolans, je n'ai rencontré que madame.

LA DUCHESSE.

Je vous avais promis, comtesse, de vous revoir dans trois ans, et je tiens ma parole.

LA COMTESSE.

Air: *Des bourgeois de Chartres.*

Une amitié si tendre,
Me flatte assurément.

LA DUCHESSE.

Vous deviez vous attendre,
A mon empressement ;
Je reviens près de vous par excès de tendresse.

LINA.

Ah ! je crains bien que ce retour,
Ne nous prépare, en ce séjour,
Une mauvaise pièce.

LA DUCHESSE.

Vous allez, madame, me donner des nouvelles de votre époux.

LINA.

Ah !

LA DUCHESSE, *en l'observant.*

De votre famille?

LINA, *troublée.*

Hé !

LA DUCHESSE, *à part.*
Ah! Eh! on ne m'a pas trompée.

SCÈNE XIX.

Les mêmes, CABRIO, Les Jeunes filles.

CHOEUR.

Air : *Ah! le bel oiseau.*

Oh ! le bel oiseau vraiment!
Qu'j'ons trouvé près d'nos grands chênes.
Admirez l'évènement,
C't'oiseau là, c'est un enfant.

TOUS, *étonnés.*
Un enfant!

CABRIO, *apportant l'enfant dans une hotte.*
Pour dénicher d'tels oiseaux,
S'il n'fallait pas plus de peines,
Moi, j'dis que sous les ormeaux,
Nos fill' courraient par centaines.

CHOEUR.
Oh ! le bel oiseau vraiment! etc.

CABRIO, *mettant l'enfant à terre.*
Et j'dis qu'il est gentil, s'tilà... tenez, voyez les
biaux habits, les belles couleurs...

TOMI.
Et tu l'as trouvé comme çà tout seul au pied d'un
grand arbre ?

CABRIO.
Oh ! mon dieu, ni pus ni moins que si vous l'y
aviez mis vous-même.

TOMI, *à part.*
Oh ! l'imbécille.

CABRIO.
Queu domage que çà n'ait ni père ni mère. Dis-
donc mon petit, qui est-ce qui est ta maman !
(*L'enfant se tourne promptement vers Lina, lui
envoye des baisers, et lui jette des fleurs qu'il
va prendre dans la hotte.*)

TOUS, *après avoir examiné l'enfant.*
Quel prodige !

LA DUCHESSE, *à Lina.*
Madame, je vous en félicite.

LINA, *se troublant.*
Que voulez-vous dire?

LA DUCHESSE.

Qu'il est temps que je frappe les grands coups.
(*Elle frappe du pied la terre.*)

LINA.

Que faites-vous?

LA DUCHESSE.

J'appelle votre mari...il m'a entendue, et il vous
attend aux pieds de la statue de Henri IV.
(*Changement de décoration. Vue du pont neuf
et de la statue de Henri IV.*)

SCÈNE XX.

Les mêmes, LE COMTE de LESCAR, Soldats.

CHOEUR.

Honneur, honneur,
Au grand vainqueur, etc.

LA DUCHESSE.

Comte de Lescars...

LE COMTE.

Paix, madame.

CHOEUR.

Honneur, honneur,
Au grand vainqueur.

LA DUCHESSE.

Mais, comte de Lescar, quand il s'agit de vos
affaires, à quoi bon vous occuper de Henri IV?

LESCAR.

A quoi bon, madame? je sais bien ce que je fais.
Air : *pardon, messieurs, si pour notre séance.*

Mon aventure est triste et romanesque,
Pour me sauver, il faut plus d'un abri;
Approuvez donc, qu'à ce fatras burlesque,
J'ose mêler le grand nom de Henri.
Je crois par là donner de sûres marques,
D'un goût adroit, et d'un esprit bien fait ;
Il n'appartient qu'au meilleur des monarques,
De protéger le plus faible sujet.

LA DUCHESSE.

Passe pour un moment.... mais....

LESCAR.

Eh bien, de quoi s'agit-il?

LINA , *s'avançant.*

Seigneur, ne l'écoutez pas, elle va vous faire un
opéra.

LA DUCHESSE.

Pas si bête, madame, quatre mots suffiront.

LE COMTE, *déclamant.*

Quels sont-ils?

LA DUCHESSE, *de même.*

Lina est la mère de cet enfant.

LESCAR.

Son père?

LA DUCHESSE.

Téligny.

TÉLIGNY.

C'est faux.

LESCAR.

Battons-nous.

TÉLIGNY.

Je me tuerai.

LA DUCHESSE.

C'est donc un autre.

LESCAR.

La preuve?

LA DUCHESSE, *amenant le facteur.*

Dans ce sac.

LESCAR, *ramassant la lettre qui tombe du sac.*

Une lettre!

LA DUCHESSE.

Lis.

LESCAR.

De Tolosa?

LINA.

Ciel!

LESCAR.

Tu y étais?

LINA.

C'est toi.

LESCAR.

C'est moi?

LESCAR et LINA.

Voilà notre fils.

TÉLIGNY.

Ah! mon dieu! ce que c'est que de dire tout de suite ce qu'on a à dire.

VAUDEVILLE.

Air : *V'là ce que c'est que d'aller au bois.*

TELIGNY.

On vous a fait un opéra ,
Bien long , bien large , *et cœtera* ;
Mais comme dans mainte autre pièce ,
   Qui n'a ni duchesse ,
   Comte , ni comtesse ,
Quatre mots font tout le mic-mac ,
V'là ce que c'est que l'Fond du Sac.

LE FACTEUR.

Paul vient de gagner un procès ;
Il se vante de son succès ;
Mais il ne connaît pas les formes :
   Par des frais énormes ,
   Au tarif conformes ,
Paul se voit réduit au bissac ,
V'là ce que c'est que l'Fond du Sac.

LESCAR.

La vie est douce à supporter ;
Mais on a tort d'y trop compter ;
D'abord l'amitié vous caresse ,
   Puis l'amour vous blesse ,
   Puis le temps vous presse ,
Puis Caron vous prend dans son bac ,
V'là ce que c'est que l'Fond du Sac.

TOMI.

Quel est ce moderne important ,
Qu'en tous lieux on entend citant
Son nom , ses châteaux , sa famille ,
   L'éclat dont il brille ?
   Qu'on le déshabille ,
Ce n'est que Frontin sous le frac ;
V'là ce que c'est que l'Fond du Sac.

LE FACTEUR.

Dorante , ami très-obligeant ,
Vous offre , au besoin , son argent ;
Au besoin , courez chez Dorante ,
   Cette âme brûlante ,
   Soudain vous présente
Une humble prise de tabac ;
V'là ce que c'est que l'**Fond du Sac.**

CABRIO.

Monsieur Josse , auvergnac très-lourd,
Epouse une prude à Saint-Flour ;
Mais quelque jour après la nôce ,
     Certain mal précoce,
     Saisit dame Josse ,
Et l'on vient dire à l'auvergnac ,
V'là ce que c'est que l'Fond du Sac.

LA DUCHESSE.

Le parodiste a l'air moqueur ;
Mais qu'on lise au fond de son cœur,
Avec tout Paris il admire
     L'auteur du *Délire* ,
     Et l'aimable lyre
Dont Phœbus dota Dalcirac ;
V'là ce que c'est que l'Fond du Sac.

L'ENFANT.

On sait que les petits garçons
N'aiment que les sacs de bonbons ;
Or , il existe chez Thalie
     Une sucrerie ,
     Dit-on , fort jolie ;
C'est un joyeux et doux tic tac ,
N'aurais-je pas le Fond du Sac ?

LINA , *au Public.*

Momus est un jeune vaurien ,
Qui dépense , en riant , son bien.
Mais si par fois quelque fredaine
     L'a mis à la gêne ,
     Terminez sa peine :
Tendez lui la main dans le lac ,
Et sauvez-lui le Fond du Sac.

F I N.

De l'Imprimerie de F. BRETON , Place Maubert,
n°. 17, derrière le corps-de-garde.